PARIS
ERMAIN
PSG
PARIS SAINT-GERMAIN
PARIS ST GERMAIN F.C.
40 ANS
1970
2010

LA SAGA DU PARIS SAINT-GERMAIN

SCÉNARIO
Mathieu Mariolle

DESSIN
Fabio Piacentini

COULEUR
Massimo Travaglini

soleil

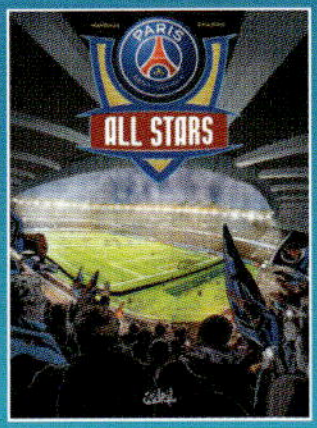

DÉCOUVREZ L'ENSEMBLE DE L'UNIVERS PARIS SAINT-GERMAIN !

- » **Academy** – 10 tomes parus
- » **Academy New Generation** – 2 tomes parus
- » **All Stars** – Récit complet
- » **Craft** – 1 tome paru
- » **Dream Team** – 4 tomes parus
- » **Génération Rouge et Bleue** – 1 tome à paraître
- » **Girls Power** – 2 tomes parus
- » **Heroes** – 3 tomes parus
- » **Romans** – 10 tomes parus
- » **Saga** – Récit complet

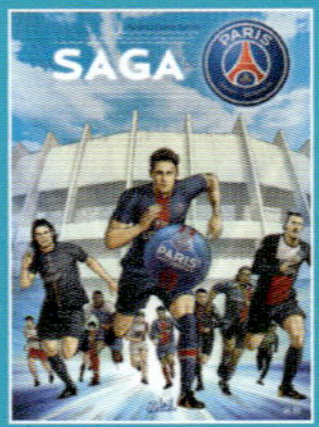

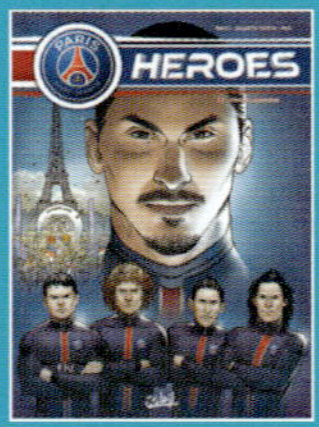

PEFC
10-31-1470

Éditeur : Jean Wacquet

Soleil
44, rue Baudin
83000 Toulon – France

Soleil Paris
8, rue Léon Jouhaux
75010 Paris – France

Conception et réalisation graphique : Studio Soleil
Lettrage : Studio Charon

Loi n° 49-956 du 16 juillet 1949 sur les publications destinées à la jeunesse.

Dépôt légal : Novembre 2018 – ISBN : 978-2-302-07260-2

Achevé d'imprimer en mars 2024
sur les presses de l'imprimerie SEPEC, à Péronnas, France - 19787240319.

www.editions-soleil.fr

IMPRIM'VERT®

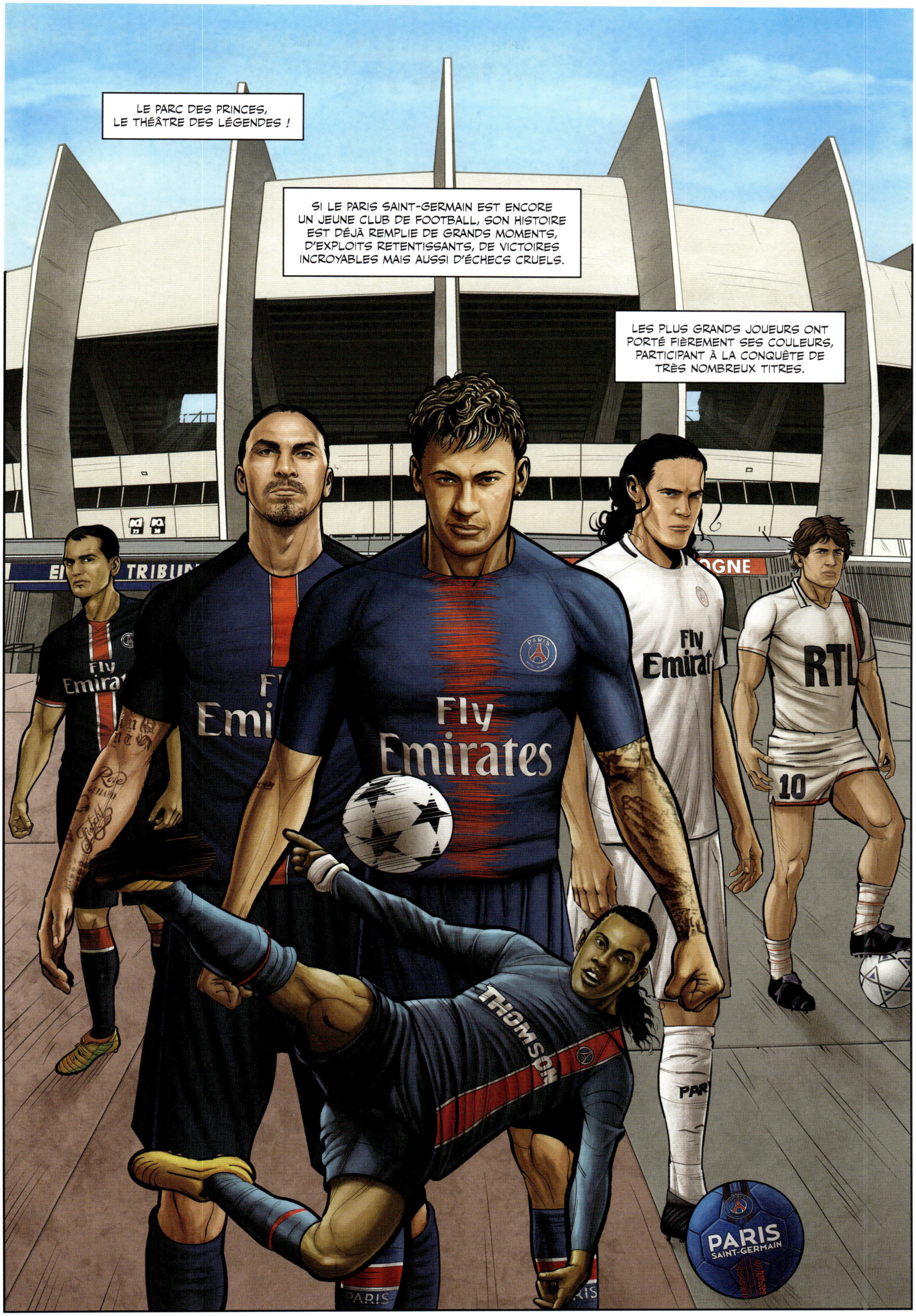
LE PARC DES PRINCES,
LE THÉÂTRE DES LÉGENDES !
SI LE PARIS SAINT-GERMAIN EST ENCORE UN JEUNE CLUB DE FOOTBALL, SON HISTOIRE EST DÉJÀ REMPLIE DE GRANDS MOMENTS, D'EXPLOITS RETENTISSANTS, DE VICTOIRES INCROYABLES MAIS AUSSI D'ÉCHECS CRUELS.
LES PLUS GRANDS JOUEURS ONT PORTÉ FIÈREMENT SES COULEURS, PARTICIPANT À LA CONQUÊTE DE TRÈS NOMBREUX TITRES.
Fly Emirates
RTL
THOMSON
PARIS SAINT-GERMAIN

LA FABULEUSE SAGA DU PARIS SAINT-GERMAIN DÉBUTE LE 12 AOÛT 1970. DEPUIS DES ANNÉES, LES PARISIENS ATTENDAIENT LE RETOUR D'UN GRAND CLUB DE FOOTBALL DANS LA CAPITALE.
SANS PLUS ATTENDRE, 20 000 SUPPORTERS SE MOBILISENT AUTOUR DE CE BEAU PROJET. CE SONT LES "SOCIOS" DE LA 1RE HEURE !
C'EST AINSI QUE LA FUSION ENTRE LE PARIS FC ET LE STADE SAINT-GERMANOIS DONNE NAISSANCE AU PARIS SAINT-GERMAIN.
PARIS St GERMAIN FOOTBALL CLUB
SON 1ER CAPITAINE SYMBOLISE DÈS LE DÉPART LE DESTIN HORS NORME DE CE CLUB. AVANT D'ARRIVER, LE DÉFENSEUR JEAN DJORKAEFF A DÉJÀ CONNU UNE CARRIÈRE EXEMPLAIRE : INTERNATIONAL FRANÇAIS, IL EST MÊME LE CAPITAINE DE LA SÉLECTION BLEUE.
SOUS SON ÉGIDE, LE CLUB FAIT SES 1ERS PAS DANS LE CHAMPIONNAT DE NATIONAL, LA 2E DIVISION DE L'ÉPOQUE.
L'ÉQUIPE JOUE AU STADE JEAN-BOUIN, DEVANT 2000 SPECTATEURS EN MOYENNE, ET TERMINE À LA 1RE PLACE DÈS SA 1RE SAISON, ACCÉDANT AINSI À LA 1RE DIVISION.
POUR SON BAPTÊME DANS L'ÉLITE, DÈS SA 2E ANNÉE D'EXISTENCE, LE CLUB PARVIENT À SE MAINTENIR, TERMINANT LA SAISON À UNE HONORABLE 16E PLACE.
MAIS CETTE SAISON MARQUE LA RUPTURE ENTRE PARISIENS ET SAINT-GERMANOIS. LA SECTION PROFESSIONNELLE POURSUIT SA ROUTE EN 1RE DIVISION SOUS LE NOM DE PARIS FC, TANDIS QUE LE PARIS SAINT-GERMAIN PREND LE STATUT AMATEUR ET DÉGRINGOLE EN 3E DIVISION. TOUT LE CHEMIN PARCOURU EST À RECOMMENCER...

… MAIS LES ÉPREUVES N'ONT JAMAIS ARRÊTÉ LA MARCHE EN AVANT DE CE CLUB SI PARTICULIER…
COMPOSÉ D'UNE GRANDE MAJORITÉ DE JEUNES JOUEURS FORMÉS AU CLUB, LE PARIS SAINT-GERMAIN REPREND SON CHEMIN ET TERMINE 2E DE SON GROUPE. EN JUIN 1973, À LA SUITE DU DÉSISTEMENT DE L'US QUEVILLY POUR RAISONS BUDGÉTAIRES, IL ACCÈDE DE NOUVEAU À LA 2E DIVISION.
SOUS L'IMPULSION DE SON NOUVEAU PRÉSIDENT, LE COUTURIER DANIEL HECHTER, LE PARIS SAINT-GERMAIN TROQUE SON MAILLOT ROUGE POUR DE NOUVELLES COULEURS, QU'IL N'A DEPUIS PLUS QUITTÉES, EN HOMMAGE AUX VILLES DE PARIS ET DE SAINT-GERMAIN.
IL DISPUTE LE 1ER MATCH DE SON HISTOIRE AU PARC DES PRINCES EN NOVEMBRE 1973, CONTRE SON VOISIN DU RED STAR.
LES 1ERS PAS DU PARIS SAINT-GERMAIN DANS SON ENCEINTE MYTHIQUE SCELLENT LE DÉBUT D'UNE BELLE HISTOIRE D'AMOUR ENTRE LE CLUB ET SON PUBLIC.
PARIS REMPORTE LE MATCH, 3 BUTS À 1, ET C'EST OTHNIEL DOSSEVI QUI OUVRE LE SCORE, 1ER BUTEUR DU CLUB AU PARC DES PRINCES.
CETTE ANNÉE EST DÉFINITIVEMENT COURONNÉE DE SUCCÈS. EMMENÉ PAR L'ENTRAÎNEUR JUST FONTAINE, GLOIRE DU FOOTBALL FRANÇAIS, LE CLUB TERMINE 2E DE SON GROUPE ET CONQUIERT LE DROIT DE DISPUTER UNE PLACE EN 1RE DIVISION.
LES 2 MATCHS DE BARRAGE SONT ÉPIQUES. LE PARIS SAINT-GERMAIN S'INCLINE 2-1 À L'ALLER, MAIS S'IMPOSE APRÈS UN INTENSE SUSPENS PAR 4 BUTS À 2 AU MATCH RETOUR FACE À L'US VALENCIENNES.
LE 4 JUIN 1974, LE PARIS SAINT-GERMAIN PREND PIED EN 1RE DIVISION. DEPUIS, IL NE L'A JAMAIS QUITTÉE.

LES 1ERS JOUEURS DE LÉGENDE REJOIGNENT LE CLUB.
MUSTAPHA DALHEB SIGNE AU PARIS SAINT-GERMAIN POUR UN MONTANT RECORD À L'ÉPOQUE. IL EST LA 1RE STAR DU CLUB ET PORTERA SES COULEURS PENDANT 10 ANS.
RTL
IL EN SERA LE CAPITAINE PENDANT PLUSIEURS SAISONS ET INSCRIRA 98 BUTS EN ROUGE ET BLEU.

L'ARGENTIN CARLOS BIANCHI ARRIVE AU CLUB À L'ÉTÉ 1977. IL EST IMMÉDIATEMENT ADOPTÉ PAR LA CAPITALE ET Y INSCRIT SA LÉGENDE.
DÈS SA 1RE SAISON, IL EST SACRÉ MEILLEUR BUTEUR AVEC 37 BUTS INSCRITS, ET MEILLEUR JOUEUR DU CHAMPIONNAT.
ET AVEC 28 BUTS MARQUÉS LA SAISON SUIVANTE, IL OBTIENT DE NOUVEAU LE TITRE DE MEILLEUR BUTEUR.

MALGRÉ CES GRANDS JOUEURS, LES RÉSULTATS DU PARIS SAINT-GERMAIN DEMEURENT ALÉATOIRES ET LE CLUB TERMINE CHAQUE ANNÉE AU MILIEU DU CLASSEMENT DE 1RE DIVISION.
QUELQUES GRANDS MATCHS ET EXPLOITS JALONNENT POURTANT CETTE DÉCENNIE.
LE 8 JANVIER 1978, À LA VEILLE DE L'ARRIVÉE DE FRANCIS BORELLI COMME NOUVEAU PRÉSIDENT, LE CLUB S'IMPOSE 5 BUTS À 1 CONTRE L'OLYMPIQUE DE MARSEILLE.

POUR SUCCÉDER À CARLOS BIANCHI, LE PARIS SAINT-GERMAIN RECRUTE DOMINIQUE ROCHETEAU EN 1980.
DANS UN STYLE TRÈS ATYPIQUE POUR UN ATTAQUANT, CELUI-CI USE DE SON ARME LA PLUS EFFICACE, LE DRIBBLE, POUR SEMER LA PANIQUE DANS LES DÉFENSES ADVERSES.
IL RESTERA PENDANT DE NOMBREUSES ANNÉES LE MEILLEUR BUTEUR DU CLUB.

SI LE PARIS SAINT-GERMAIN ATTIRE DE GRANDS JOUEURS, IL CHERCHE AUSSI À DÉVELOPPER SES FUTURES STARS.
C'EST DANS CETTE OPTIQUE QUE SON CENTRE DE FORMATION, LE CAMP DES LOGES, EST INAUGURÉ LE 4 NOVEMBRE 1975.
UNE LONGUE LIGNÉE DE GRANDS JOUEURS EN EST DEPUIS SORTIE, À COMMENCER PAR CELUI QUI EN SERA LE CAPITAINE PUIS L'ENTRAÎNEUR QUELQUES ANNÉES PLUS TARD : LUIS FERNANDEZ.
RTL
JOUANT SES 1ERS MATCHS AVEC UN CONTRAT AMATEUR, IL DEVIENT PETIT À PETIT LE CHOUCHOU DU PARC.
IL FAUDRA CEPENDANT ATTENDRE LE 15 MAI 1982 POUR QUE LE PARIS SAINT-GERMAIN REMPORTE SON 1ER TITRE...
... LA COUPE DE FRANCE, DANS SON PROPRE JARDIN, LE PARC DES PRINCES, QUI PLUS EST...
10
RTL
... ET CONTRE UNE GRANDE ÉQUIPE DE SAINT-ÉTIENNE BIEN DÉCIDÉE À S'IMPOSER POUR LE DERNIER MATCH DE MICHEL PLATINI AVANT QU'IL NE PARTE À LA JUVENTUS DE TURIN.
UN MATCH TRÈS ENGAGÉ, AUSSI SERRÉ QUE DIFFICILE...

... JUSQU'À L'OUVERTURE DU SCORE DE PARIS PAR NAMBATINGUE TOKO ET LA DÉLIVRANCE.
RTL
MAIS C'EST SANS COMPTER PLATINI, QUI ÉGALISE À UN QUART D'HEURE DE LA FIN. ET LE MATCH FILE EN PROLONGATIONS...
RTL
... OÙ PLATINI DOUBLE LA MISE...
RTL
MAIS ALORS QU'IL RESTE MOINS DE 2 MINUTES À JOUER, IVICA ŠURJAK SE FAUFILE SUR L'AILE DROITE...
SON CENTRE TROUVE DOMINIQUE ROCHETEAU, UN ANCIEN STÉPHANOIS, EN PLEIN MILIEU DE LA SURFACE, QUI ÉGALISE.
LES SUPPORTERS PARISIENS EXULTENT. CERTAINS ENVAHISSENT MÊME LE TERRAIN, PROVOQUANT UN DÉBAT SUR LA POSSIBLE TENUE DE LA SÉANCE DE TIRS AU BUT.

LES SUPPORTERS FINISSENT PAR REJOINDRE LES TRIBUNES ET C'EST UNE SÉANCE ÉPIQUE QUI SE DÉROULE.
RTL
LES 5 TIREURS RÉUSSISSENT DES 2 CÔTÉS. LUIS FERNANDEZ MARQUE LE DERNIER DES 5 BUTS, CELUI QU'IL NE FALLAIT SURTOUT PAS RATER.
CHAQUE TIR EST DÈS LORS DÉCISIF.
C'EST À CE MOMENT-LÀ QUE DOMINIQUE BARATELLI ARRÊTE LA FRAPPE DE CHRISTIAN LOPEZ, LE 6E TIREUR STÉPHANOIS. CELUI QU'IL FALLAIT ARRÊTER...
ET SANS TREMBLER MALGRÉ LA PRESSION, JEAN-MARC PILORGET, LE RECORDMAN DU NOMBRE DE MATCHS JOUÉS SOUS LE MAILLOT DE PARIS, INSCRIT LE TIR AU BUT VAINQUEUR.
L'ÉMOTION EST À SON COMBLE.
PARIS TIENT SA 1RE COUPE !

À L'INTERSAISON SUIVANTE, LE CLUB CHANGE DE LOGO, MAIS CONTINUE SA PROGRESSION.
IL GOÛTE POUR LA 1RE FOIS À LA COUPE D'EUROPE EN PARVENANT JUSQU'AUX QUARTS DE FINALE DE LA COUPE DES VAINQUEURS DE COUPE.
LE MATCH ALLER CONTRE L'ÉQUIPE BELGE DE WATERSCHEI, LE 16 MARS 1983, EST ENCORE AUJOURD'HUI LE RECORD D'AFFLUENCE AU PARC DES PRINCES.
LE PARIS SAINT-GERMAIN TERMINE 3E DU CHAMPIONNAT, SON MEILLEUR CLASSEMENT, MAIS CONSERVE SURTOUT SA COUPE DE FRANCE.
DANS CETTE FINALE DANTESQUE, REMPORTÉE 3 BUTS À 2 FACE AU CHAMPION DE FRANCE, LE FC NANTES, LE NOUVEAU MAGICIEN DU PARC DES PRINCES, ARRIVÉ EN COURS DE SAISON, S'ILLUSTRE...
... SAFET SUŠIĆ, D'UNE PUISSANTE FRAPPE APRÈS UN SPLENDIDE CROCHET, ÉGALISE.
ET C'EST ENCORE LUI QUI SCELLE LE SCORE, EN TOUTE FIN DE MATCH, EN DÉLIVRANT UNE MERVEILLE DE PASSE DÉCISIVE.
PARIS REMPORTE SON 2E TROPHÉE ET N'A PAS FINI DE S'EXTASIER DEVANT LES COUPS DE PATTE DE GÉNIE DE SON CHEF D'ORCHESTRE.
RTL

MAIS C'EST EN 1986 QU'UN CHAPITRE IMPORTANT DE LA LÉGENDE S'ÉCRIT.
LA SAISON PRÉCÉDENTE A MARQUÉ UN COUP D'ARRÊT DANS LA PROGRESSION DU CLUB : LE PARIS SAINT-GERMAIN A FINI DANS LA 2NDE MOITIÉ DU CLASSEMENT POUR LA 1RE FOIS DEPUIS PLUSIEURS ANNÉES ET A SUBI UNE ÉLIMINATION PRÉCOCE EN COUPE D'EUROPE.
LE TOUT NOUVEL ENTRAÎNEUR, GÉRARD HOULLIER, VA RÉUSSIR À CRÉER UNE ALCHIMIE IMMÉDIATE ENTRE LES NOUVELLES RECRUES PROMETTEUSES ET LES CADRES DE L'ÉQUIPE.
IL INSTALLE LE TALENTUEUX JOËL BATS DANS LES BUTS. CELUI-CI DEMEURERA LE DERNIER REMPART DU PARIS SAINT-GERMAIN ET DE L'ÉQUIPE DE FRANCE PENDANT DE NOMBREUSES ANNÉES.
SAFET SUŠIĆ CONTINUE D'ILLUMINER LE PARC DES PRINCES AVEC SES PASSES MILLIMÉTRÉES ET SES COUPS FRANCS BROSSÉS.
EN ATTAQUE, DOMINIQUE ROCHETEAU SE RÉGALE ET TERMINE MEILLEUR BUTEUR DU CLUB.

LUIS FERNANDEZ HÉRITE DU BRASSARD DE CAPITAINE ET FAIT VIBRER LE CŒUR DES SUPPORTERS PAR SON ABATTAGE ET SA RAGE DE VAINCRE.
PARIS GERMAIN FOOTBALL CLUB
LE PARIS SAINT-GERMAIN ÉTABLIT UN RECORD POUR L'ÉPOQUE EN ENCHAÎNANT 26 MATCHS DE CHAMPIONNAT SANS CONNAÎTRE LA MOINDRE DÉFAITE.
MAIS SURTOUT, IL DÉPLOIE UN JEU VIF ET SPECTACULAIRE QUI ENCHANTE LES SUPPORTERS.
LE CLUB REMPORTE SON 1ER TITRE DE CHAMPION DE FRANCE, SEIZE ANNÉES SEULEMENT APRÈS SA CRÉATION.

MALHEUREUSEMENT, LES RÉSULTATS DES SAISONS SUIVANTES SONT BIEN PLUS IRRÉGULIERS.
PLUSIEURS JOUEURS MAJEURS QUITTENT LE CLUB. ET MALGRÉ LE RECRUTEMENT DE JOUEURS TALENTUEUX, COMME VAHID HALILHODŽIĆ, MEILLEUR BUTEUR DU CHAMPIONNAT 1985-1986, LE PARIS SAINT-GERMAIN NE PROGRESSE PLUS.
DE 1986 À 1991, LE CLUB NE REMPORTE AUCUN TITRE, NE RENCONTRANT PAS PLUS DE SUCCÈS EN CHAMPIONNAT QU'EN COUPE DE FRANCE.
LA 1RE DIVISION EST ALORS DOMINÉE PAR L'AS MONACO ET LES GIRONDINS DE BORDEAUX, PUIS PAR L'OLYMPIQUE DE MARSEILLE.
LE DÉBUT DES ANNÉES 90 MARQUE POURTANT L'ARRIVÉE DE JEUNES JOUEURS PROMETTEURS, COMME DANIEL BRAVO...
... OU ANTOINE KOMBOUARÉ. MAIS LES RÉSULTATS DEMEURENT ENCORE EN DEÇÀ DES ATTENTES.

EN 1991, LA CHAÎNE DE TÉLÉVISION CANAL+, DIFFUSEUR DU CHAMPIONNAT, INVESTIT DANS LE PARIS SAINT-GERMAIN ET MICHEL DENISOT DEVIENT PRÉSIDENT DÉLÉGUÉ.
LE CLUB ENTRE DANS UNE NOUVELLE ÈRE, QUI VA LE PLACER DURABLEMENT SUR L'ÉCHIQUIER DES PLUS GRANDS CLUBS EUROPÉENS.
LE PORTUGAIS ARTUR JORGE EST ENGAGÉ COMME NOUVEL ENTRAÎNEUR ET UNE CAMPAGNE DE RECRUTEMENT AMBITIEUSE DÉMARRE.
CES NOUVEAUX JOUEURS MARQUERONT LA GLORIEUSE DÉCENNIE À VENIR, TEL LAURENT FOURNIER...
...L'INAMOVIBLE SENTINELLE DU MILIEU DE TERRAIN, PAUL LE GUEN...
... ET, BIEN ENTENDU, LE MAESTRO DAVID GINOLA.

CETTE SAISON 1991-1992 MARQUE ÉGALEMENT LE DÉBUT D'UNE TENDANCE À PARIS AVEC L'ARRIVÉE DE 2 JOUEURS MAJEURS BRÉSILIENS. EN DÉFENSE, RICARDO GOMES.
... ET AU MILIEU DE TERRAIN, VALDO, OFFRANT AINSI UNE COULEUR CARIOCA AU CLUB, QUI PERDURE ENCORE AUJOURD'HUI.
Commodore
17
müller
LES EFFETS POSITIFS SE FONT IMMÉDIATEMENT SENTIR : L'ÉQUIPE DÉVELOPPE DE NOUVEAU UN JEU PLUS FLAMBOYANT ET LES RÉSULTATS SONT AU RENDEZ-VOUS.
LE CLUB RETROUVE LE PODIUM ET TERMINE 3E DU CHAMPIONNAT.

LE DÉBUT DE LA SAISON 1992-1993 MARQUE UN NOUVEAU CHANGEMENT DE LOGO, ACCOMPAGNANT LA PROGRESSION DU CLUB, QUI SE RENFORCE ENCORE DAVANTAGE.
PSG
PARIS SAINT-GERMAIN
JOËL BATS A PRIS SA RETRAITE EN FIN DE SAISON PRÉCÉDENTE SOUS LES OVATIONS DU PARC DES PRINCES, UN MOMENT D'ÉMOTION INTENSE POUR TOUS.
POUR LE REMPLACER, C'EST UN AUTRE GARDIEN MARQUANT DE L'HISTOIRE DU CLUB QUI ARRIVE : BERNARD LAMA.
ALAIN ROCHE EST RECRUTÉ POUR FORMER UNE CHARNIÈRE CENTRALE DE TRÈS HAUT NIVEAU EN COMPAGNIE DU BRÉSILIEN RICARDO GOMES.
ET L'INTAFIGABLE VINCENT GUÉRIN VIENT COMPLÉTER LE MILIEU DE TERRAIN.
ENFIN, LE PARIS SAINT-GERMAIN S'OFFRE LE GRAND ATTAQUANT DONT IL AVAIT BESOIN EN FAISANT VENIR GEORGE WEAH : "MISTER GEORGE".
PARIS TERMINE À LA 2E PLACE DU CHAMPIONNAT, AU TERME D'UNE SAISON OÙ LE TITRE DE CHAMPION NE SERA PAS ATTRIBUÉ APRÈS LE DÉCLASSEMENT DE L'OLYMPIQUE DE MARSEILLE.
ET 10 ANS APRÈS SON DERNIER SUCCÈS, LE CLUB BAT UNE NOUVELLE FOIS LE FC NANTES, CETTE FOIS-CI PAR 3 BUTS À 0, POUR REMPORTER LA COUPE DE FRANCE, LE COURONNEMENT D'UNE SAISON RÉUSSIE.

MAIS CETTE SAISON 1992-1993 EST SURTOUT LE THÉÂTRE DU 1ER EXPLOIT PARISIEN SUR LA SCÈNE EUROPÉENNE. DANS UN MATCH DE LÉGENDE, LE 18 MARS 1993, LE PARIS SAINT-GERMAIN FAIT CHAVIRER SES SUPPORTERS AU TERME D'UN SCÉNARIO INCROYABLE.
LES PARISIENS SONT EN QUART DE FINALE DE LA COUPE UEFA, OPPOSÉS AU GRAND REAL MADRID...
... ET CONDAMNÉS À L'EXPLOIT AU MATCH RETOUR PAR LEUR DÉFAITE 3 BUTS À 1 LORS DU MATCH ALLER AU STADE SANTIAGO-BERNABEU.
DE LA TÊTE, MISTER GEORGE TROUVE LA FAILLE EN FIN DE 1RE MI-TEMPS.
PARIS POUSSE TOUT LE RESTE DU MATCH, MAIS LE REAL RÉSISTE.
JUSQU'À CE QUE DAVID GINOLA MARQUE, COMME AU MATCH ALLER.

À 2-0, PARIS EST QUALIFIÉ, ET VALDO ENFONCE ENCORE LE CLOU AVEC UN 3e BUT.
CEPENDANT, LES GRANDES ÉQUIPES NE SE RENDENT JAMAIS. À LA 94e MINUTE, LE CHILIEN IVÁN ZAMORANO RÉDUIT LE SCORE. TOUT SE JOUERA DONC EN PROLONGATIONS.
LE SUSPENS EST À SON COMBLE, LA TENSION INSUPPORTABLE. AU BOUT DES ARRÊTS DE JEU, LE PARIS SAINT-GERMAIN OBTIENT UN ULTIME COUP FRANC.
ET ANTOINE KOMBOUARÉ SURGIT. CELUI QU'ON SURNOMME "CASQUE D'OR" VIENT QUALIFIER PARIS À LA TOUTE DERNIÈRE SECONDE.
LE PARIS SAINT-GERMAIN SERA FINALEMENT ÉLIMINÉ PAR LA JUVENTUS DE TURIN EN DEMI-FINALE, MAIS LA GRANDE HISTOIRE EST EN MARCHE.

EN 1993-1994, RAÍ, CAPITAINE DE LA SÉLECTION DU BRÉSIL, RENFORCE ENCORE L'EFFECTIF.
SOUS L'IMPULSION DE VALDO, DAVID GINOLA ET GEORGE WEAH, PARIS RÉALISE UNE SAISON DE RÊVE.
MALGRÉ UNE INTÉGRATION UN PEU DIFFICILE DE LEUR RECRUE VEDETTE, RAÍ, LES PARISIENS POSSÈDENT LA 2E ATTAQUE DU CHAMPIONNAT...
... ET SURTOUT LA MEILLEURE DÉFENSE, SE MONTRANT PARTICULIÈREMENT INTRAITABLES AVEC LES ADVERSAIRES.

L'ÉQUIPE S'INSTALLE À LA TÊTE DU CHAMPIONNAT DE FRANCE AU MOIS D'OCTOBRE ET NE LA QUITTERA PLUS.
PARIS REMPORTE SON 2E TITRE DE CHAMPION DE FRANCE, 8 ANS APRÈS LE 1ER...
... ET DAVID GINOLA EST ÉLU MEILLEUR JOUEUR DU CHAMPIONNAT.
SUR LA SCÈNE EUROPÉENNE, L'ÉQUIPE BRILLE DE NOUVEAU. ELLE ÉLIMINE UNE FOIS DE PLUS LE REAL MADRID EN QUART DE FINALE DE LA COUPE DES VAINQUEURS DE COUPE...
... AVANT D'ÊTRE ÉLIMINÉE EN DEMI-FINALE PAR LES ANGLAIS D'ARSENAL.

LA SAISON SUIVANTE VOIT LUIS FERNANDEZ REMPLACER ARTUR JORGE. L'ANCIEN CHOUCHOU DU PARC DES PRINCES, LE MILIEU DE TERRAIN INFATIGABLE FORMÉ AU CLUB, EN DEVIENT L'ENTRAÎNEUR.
APRÈS UNE 1RE SAISON COMPLIQUÉE, RAÍ REVIENT DES ÉTATS-UNIS AVEC UN TITRE DE CHAMPION DU MONDE EN POCHE ET RÉALISE UNE SAISON PLEINE SOUS LES COULEURS DU PARIS SAINT-GERMAIN.
... ET LA TOUTE 1RE COUPE DE LA LIGUE, EN BATTANT BASTIA EN FINALE, GRÂCE À DES BUTS D'ALAIN ROCHE ET DE RAÍ.
SUR LA SCÈNE EUROPÉENNE, PARIS DÉCOUVRE LA PHASE DE POULES DE LA LIGUE DES CHAMPIONS ET S'OFFRE 2 BELLES VICTOIRES CONTRE LE BAYERN MUNICH, GRÂCE À DES BUTS DE GEORGE WEAH, QUI FINIRA MEILLEUR BUTEUR DE LA COMPÉTITION...

LE CLUB EST PORTÉ PAR UN COLLECTIF PARFAITEMENT RODÉ ET DES INDIVIDUALITÉS À LEUR PLUS HAUT NIVEAU, COMME VINCENT GUÉRIN, QUI SERA ÉLU MEILLEUR JOUEUR DE 1RE DIVISION.
MAIS PARIS NE PEUT FAIRE MIEUX QUE 3E EN CHAMPIONNAT...
L'ÉQUIPE REMPORTE NÉANMOINS UNE NOUVELLE COUPE DE FRANCE, BATTANT STRASBOURG EN FINALE GRÂCE À UN BUT DE PAUL LE GUEN.
EN QUART DE FINALE, LE PARIS SAINT-GERMAIN RÉALISE UN NOUVEL EXPLOIT EN ÉLIMINANT LE LÉGENDAIRE FC BARCELONE ENTRAÎNÉ PAR JOHAN CRUYFF.
MAIS L'AVENTURE S'ARRÊTE AU TOUR SUIVANT FACE AU TENANT DU TITRE, LE GRAND MILAN AC.
EN 3 SAISONS, LE PARIS SAINT-GERMAIN VIENT D'ACCÉDER À 3 DEMI-FINALES CONSÉCUTIVES, DANS LES 3 DIFFÉRENTES COUPES D'EUROPE.

L'ÉTÉ 1995 EST CELUI DU CHANGEMENT.
PLUSIEURS JOUEURS CADRES QUITTENT LE CLUB, TELS GEORGE WEAH, DAVID GINOLA, VALDO OU RICARDO.
UNE NOUVELLE GÉNÉRATION DE JOUEURS ARRIVE, COMME BRUNO N'GOTTY, JULIO CÉSAR DELY VALDÉS ET PATRICE LOKO.
SANS OUBLIER BIEN ENTENDU YOURI DJORKAEFF, INTERNATIONAL FRANÇAIS ET MEILLEUR BUTEUR DU PRÉCÉDENT CHAMPIONNAT, DONT LE PÈRE AVAIT ÉTÉ LE 1ER JOUEUR PROFESSIONNEL LICENCIÉ AU CLUB.
OPEL
LA SAISON DÉMARRE SUR LES CHAPEAUX DE ROUE, PARIS EST TRÈS LARGEMENT EN TÊTE DU CHAMPIONNAT.
MAIS LE DÉBUT D'ANNÉE 1996 EST PLUS COMPLIQUÉ.
À 6 JOURNÉES DE LA FIN DU CHAMPIONNAT, PARIS EST ENCORE 1ER, MAIS L'ÉQUIPE FINIT PAR CÉDER ET TERMINE À LA 2NDE PLACE.

C'EST SUR LA SCÈNE EUROPÉENNE QUE LE CLUB ÉCRIT UNE NOUVELLE PAGE D'HISTOIRE, EN REMPORTANT LA COUPE DES VAINQUEURS DE COUPE.
LE PARIS SAINT-GERMAIN ÉLIMINE SUCCESSIVEMENT LE CELTIC GLASGOW, AU PRIX D'UNE SUPERBE VICTOIRE 3 BUTS À 0 EN ÉCOSSE...
... PUIS LES ITALIENS DE PARME, DANS UNE FINALE AVANT L'HEURE, MALGRÉ UNE DÉFAITE 1 À 0 AU MATCH ALLER.
PARIS SE QUALIFIE EN S'IMPOSANT SUR LE SCORE DE 3 BUTS À 1, LORS DU MATCH RETOUR AU PARC DES PRINCES.
ET EN BATTANT PAR 2 FOIS LES ESPAGNOLS DU DEPORTIVO LA COROGNE, PAR 1 BUT À 0 À CHAQUE MATCH, LE CLUB PARVIENT POUR LA 1RE FOIS DE SA JEUNE EXISTENCE EN FINALE D'UNE COUPE D'EUROPE.

LE 8 MAI 1996, AU STADE DU ROI-BAUDOUIN DE BRUXELLES, LE PARIS SAINT-GERMAIN DISPUTE LA FINALE DE LA COUPE DES VAINQUEURS DE COUPE FACE AU RAPID VIENNE.
UNE FINALE QU'IL MAÎTRISE AISÉMENT, MÊME SI LES JOUEURS PARISIENS N'ARRIVENT PAS À CONCRÉTISER LEUR DOMINATION, HANDICAPÉS EN CELA PAR LA SORTIE SUR BLESSURE DU BRÉSILIEN RAÍ, DÈS LES 1RES MINUTES.
IL FAUDRA UN PUISSANT COUP FRANC DE BRUNO N'GOTTY POUR DÉLIVRER LE CLUB.
UNE FRAPPE ET UN BUT DÉSORMAIS LÉGENDAIRES.
LE CAPITAINE, BERNARD LAMA, RÉALISE QUELQUES ARRÊTS DE GRANDE CLASSE EN FIN DE MATCH POUR SCELLER LE RÉSULTAT.
PARIS L'EMPORTE 1 À 0. PARIS TIENT SA COUPE. PARIS EST DÉFINITIVEMENT MAGIQUE.
IL EST LE 2ND CLUB FRANÇAIS DE L'HISTOIRE À REMPORTER UNE COUPE D'EUROPE - À CE JOUR, LE DERNIER À AVOIR RÉUSSI CET EXPLOIT.

AU DÉBUT DE LA SAISON 1996-1997, L'ANCIEN DÉFENSEUR CENTRAL DU CLUB, RICARDO GOMES, PREND PLACE SUR LE BANC EN TANT QU'ENTRAÎNEUR.
PARIS SAINT-GERMAIN 1970
SON COMPATRIOTE LEONARDO ARAÚJO EST LA RECRUE PHARE DE L'ÉTÉ, COMPENSANT LE DÉPART DE YOURI DJORKAEFF.
APRÈS UNE NOUVELLE 1RE PARTIE DE SAISON EN TÊTE, PARIS S'INCLINE ENCORE UNE FOIS EN CHAMPIONNAT ET TERMINE 2E, DERRIÈRE MONACO.
DANS CETTE ANNÉE DE DÉSILLUSIONS, LE CLUB S'INCLINE EN FINALE DE LA SUPERCOUPE D'EUROPE FACE À LA JUVENTUS DE TURIN.

APRÈS UNE SPLENDIDE VICTOIRE 3 BUTS À 0 CONTRE LIVERPOOL EN DEMI-FINALE, PARIS SE QUALIFIE DE NOUVEAU POUR LA FINALE DE LA COUPE DES VAINQUEURS DE COUPE...
... MAIS LE CLUB NE PEUT RÉÉDITER L'EXPLOIT DE REMPORTER UNE NOUVELLE COUPE D'EUROPE.
IL EST VAINCU EN FINALE PAR LE FC BARCELONE, 1 BUT À 0, SUR UN PENALTY DE RONALDO. PARIS TERMINE LA SAISON SUR LE TOIT DE L'EUROPE, MAIS SANS TROPHÉE.
LA SAISON SUIVANTE DÉBUTE PAR UNE BELLE FRAYEUR À CAUSE D'UNE ERREUR ADMINISTRATIVE. SUSPENDU, LAURENT FOURNIER EST MALGRÉ TOUT ALIGNÉ POUR JOUER LE MATCH ALLER DU TOUR PRÉLIMINAIRE DE LA LIGUE DES CHAMPIONS FACE AU STEAUA BUCAREST.
LE MATCH EST PERDU 3 BUTS À 0 SUR TAPIS VERT.
LE MATCH RETOUR EST JOUÉ PIED AU PLANCHER, PARIS SE LANÇANT SANS RELÂCHE VERS LE BUT ADVERSE.
LA COCASSERIE DE CETTE HISTOIRE ET LE SCORE FINAL ONT FAIT ENTRER CE MATCH DANS LA LÉGENDE DU CLUB, BIEN PLUS QUE SON ENJEU.
POUR LE DERNIER MATCH DE LEONARDO ARAÚJO SOUS LES COULEURS PARISIENNES, LE PARIS SAINT-GERMAIN RÉUSSIT L'EXPLOIT DE RETOURNER LA SITUATION ET S'IMPOSE 5 BUTS À 0.

LES NOUVELLES RECRUES, CHRISTOPHE REVAULT, MARCO SIMONE ET FLORIAN MAURICE BRILLENT D'EMBLÉE ET LA SAISON DÉBUTE BIEN.
OPEL
MAIS LE CLUB CONNAÎT UNE PÉRIODE DIFFICILE À L'AUTOMNE, CERTAINS JOUEURS TRAVERSANT UNE MAUVAISE PASSE.
4
OPEL
LE PARIS SAINT-GERMAIN EST ÉLIMINÉ AU 1ER TOUR DE LA LIGUE DES CHAMPIONS ET VOIT LE PODIUM S'ÉLOIGNER EN CHAMPIONNAT.
LES COUPES NATIONALES REDONNENT POURTANT LE SOURIRE AU CLUB, QUI FINIT LA SAISON À LA 8E PLACE DU CHAMPIONNAT.
PARIS REMPORTE LA COUPE DE LA LIGUE FACE À BORDEAUX (2-2 APRÈS PROLONGATION, 4 TIRS AU BUT À 2)...
9
... ET LA COUPE DE FRANCE, EN BATTANT LENS 2 BUTS À 1, POUR LE DERNIER MATCH À PARIS DE SON EMBLÉMATIQUE CAPITAINE BRÉSILIEN, RAÍ. UN NOUVEAU DÉPART PLEIN D'ÉMOTIONS POUR UN MONUMENT DU CLUB.
RTL
ENFIN, AU TERME DE 6 SAISONS DE SUCCÈS ININTERROMPUS, LE PARIS SAINT-GERMAIN DÉCROCHE LA 1RE PLACE AU CLASSEMENT UEFA DES CLUBS EUROPÉENS. CETTE PERFORMANCE MARQUE CEPENDANT LA FIN D'UNE ÈRE GLORIEUSE ET LE DÉBUT DE PLUSIEURS ANNÉES DIFFICILES...

L'ÉTÉ 1998 EST EN EFFET MARQUÉ PAR LE DÉPART DE MICHEL DENISOT, PRÉSIDENT DEPUIS 7 SAISONS, AINSI QUE D'UNE GÉNÉRATION DE JOUEURS MAJEURS : RAÍ, LAURENT FOURNIER, PAUL LE GUEN, VINCENT GUÉRIN, ALAIN ROCHE.
MALGRÉ UNE AMBITIEUSE CAMPAGNE DE RECRUTEMENT, SYMBOLISÉE PAR LE FLAMBOYANT MILIEU NIGÉRIAN JAY-JAY OKOCHA, LA SAISON EST UN ÉCHEC.
LE CLUB TERMINE 8E EN CHAMPIONNAT ET EST ÉLIMINÉ PRÉMATURÉMENT DE TOUTES LES COUPES AUXQUELLES IL PARTICIPE. UNE SAISON AUSSI CHAOTIQUE QU'INSTABLE, QUI AURA VU 3 ENTRAÎNEURS ET 2 PRÉSIDENTS SE SUCCÉDER.
L'INTERSAISON SUIVANTE EST PLUS CALME, AVEC DES ARRIVÉES DE JOUEURS AU PROFIL PLUS FÉDÉRATEUR ET SOLIDE, À L'IMAGE DU CAPITAINE ALI BENARBIA...
... DE L'AILIER LAURENT ROBERT...
... ET DE L'ATTAQUANT BRÉSILIEN CHRISTIAN.
CES JOUEURS PERMETTENT AU PARIS SAINT-GERMAIN DE FINIR LA SAISON À LA 2E PLACE EN CHAMPIONNAT.

POUR LA SAISON 2000-2001, LA DIRECTION DU PARIS SAINT-GERMAIN VISE CLAIREMENT LE TITRE ET RECRUTE UNE ÉQUIPE AUSSI JEUNE QU'AMBITIEUSE, À L'IMAGE DE NICOLAS ANELKA.
FORMÉ AU CLUB, SON TALENT S'ÉTAIT RÉVÉLÉ À ARSENAL PUIS AU REAL MADRID. SON ARRIVÉE DOIT PERMETTRE À PARIS DE RETROUVER SON LUSTRE DES ANNÉES 1990.
EMMENÉS ÉGALEMENT PAR LES GRANDS ESPOIRS STÉPHANE DALMAT ET PETER LUCCIN, LES DÉBUTS DE CETTE ÉQUIPE SONT POURTANT PROMETTEURS.
PARIS ENCHAÎNE LES VICTOIRES À DOMICILE EN CHAMPIONNAT ET EN LIGUE DES CHAMPIONS, SON ATTAQUE FLAMBE.
MAIS LA DÉFENSE PÈCHE ET LE CLUB EST INCAPABLE DE S'IMPOSER HORS DU PARC DES PRINCES. L'ALCHIMIE NE SE CRÉE PAS ET LES RÉSULTATS PLONGENT DÈS L'AUTOMNE.
PARIS PASSE DE LA TÊTE DU CHAMPIONNAT À LA 2NDE PARTIE DE TABLEAU EN À PEINE QUELQUES SEMAINES...
LE RETOUR DE LUIS FERNANDEZ SUR LE BANC AU MERCATO D'HIVER ET L'ARRIVÉE DU DÉFENSEUR CENTRAL ARGENTIN MAURICIO POCHETTINO EN DÉFENSE NE PARVIENNENT PAS PLUS À STABILISER L'ÉQUIPE.
UNE NOUVELLE FOIS, PARIS EST ÉLIMINÉ DE TOUTES LES COUPES ET TERMINE LOIN DES PLACES EUROPÉENNES EN CHAMPIONNAT, À UNE TRÈS DÉCEVANTE 9E POSITION.

L'ESPOIR RENAÎT À L'ÉTÉ 2001, QUAND LA PÉPITE BRÉSILIENNE RONALDINHO REJOINT LE PARIS SAINT-GERMAIN.
L'ARGENTIN GABRIEL HEINZE VIENT ÉGALEMENT APPORTER SA FOUGUE EN DÉFENSE.
L'ÉQUIPE S'APPUIE SUR UN BLOC DÉFENSIF SOLIDE ET N'ENCAISSE QUE PEU DE BUTS.
MALGRÉ UN POTENTIEL OFFENSIF IMPRESSIONNANT, LES RÉSULTATS NE SONT PAS EXTRAORDINAIRES ET PARIS NE MONTE SUR LE PODIUM QU'EN JANVIER.
APRÈS 6 MOIS D'ADAPTATION, RONALDINHO S'IMPOSE COMME LE JOUEUR MAJEUR DU CLUB, RÉGALANT ENFIN TOUT LE MONDE DE SES DRIBBLES DÉROUTANTS.
MALGRÉ TOUT, L'ANNÉE SE TERMINE DE MANIÈRE DÉCEVANTE. PARIS FINIT 4E EN CHAMPIONNAT, À 1 POINT DE LA QUALIFICATION POUR LA LIGUE DES CHAMPIONS, ET NE REMPORTE AUCUN TROPHÉE.

PARIS SAINT-GERMAIN
1970
LA SAISON SUIVANTE, RONALDINHO REVIENT AURÉOLÉ D'UN TITRE DE CHAMPION DU MONDE, REMPORTÉ AVEC LE BRÉSIL.
THOMSON
LE CLUB A L'INTENTION DE GRAVIR UN ÉCHELON SUPÉRIEUR ET DE SE RAPPROCHER ENFIN DU TITRE.
PARIS PARVIENT À PRENDRE LA TÊTE DU CHAMPIONNAT À L'AUTOMNE, MAIS CE SERA SON SEUL ÉCLAT DE LA SAISON...
... UNE SAISON RATÉE.
LE CLUB PLONGE EN MILIEU DE TABLEAU ET FINIT LA SAISON À LA ONZIÈME PLACE DU CHAMPIONNAT.
PARIS NE PARVIENT PLUS QU'À RÉALISER DES EXPLOITS IRRÉGULIERS, COMME CETTE DOUBLE VICTOIRE PAR 3 BUTS À 0 CONTRE L'OLYMPIQUE DE MARSEILLE, POURTANT BIEN MIEUX CLASSÉ CETTE ANNÉE-LÀ.
APRÈS UN DOUBLÉ AU MATCH ALLER À L'AUTOMNE AU PARC DES PRINCES, RONALDINHO MÉDUSE LE STADE VÉLODROME AU MATCH RETOUR EN LIVRANT UNE PRESTATION INCROYABLE ET EN INSCRIVANT UN BUT D'ANTHOLOGIE.

APRÈS L'ÉCHEC DE LA SAISON 2002-2003, L'ANCIEN BUTEUR DU CLUB, VAHID HALILHODŽIĆ, EST NOMMÉ ENTRAÎNEUR POUR REMETTRE L'ÉQUIPE SUR LE DROIT CHEMIN.
RONALDINHO EST CÉDÉ À BARCELONE ET LE MEILLEUR BUTEUR DU CHAMPIONNAT, LE PORTUGAIS PEDRO MIGUEL PAULETA, DEVIENT L'ATTAQUANT PRINCIPAL DU PARIS SAINT-GERMAIN.
THOMSON
GABRIEL HEINZE EST TOUJOURS PRÉSENT POUR MENER LA DÉFENSE, REJOINT PAR SON COMPATRIOTE JUAN PABLO SORÍN. LE DUO ARGENTIN SE MONTRE INTRAITABLE.
THOMSON
THOMSON
SORÍN NE RESTERA QU'UNE SAISON À PARIS, MAIS IL NE CONNAÎTRA JAMAIS LA DÉFAITE. LE DÉBUT DE CHAMPIONNAT EST POURTANT DIFFICILE...
... MAIS HALILHODŽIĆ PARVIENT À TROUVER LA BONNE FORMULE ET PARIS S'INSTALLE SUR LE PODIUM.
L'AIGLE DES AÇORES TROUVE SON RYTHME À LA POINTE DE L'ATTAQUE PARISIENNE ET COMMENCE À MARQUER BUT SUR BUT.
LE PLUS BEAU DE LA SAISON EST AUSSI LE PLUS IMPROBABLE. PROFITANT DE LA SORTIE DU GARDIEN MARSEILLAIS FABIEN BARTHEZ, PAULETA FRAPPE DANS UN ANGLE IMPOSSIBLE ET OFFRE UNE TRAJECTOIRE PARABOLIQUE SUBLIME À SON BALLON.
LE PARIS SAINT-GERMAIN NE QUITTE PLUS LE PODIUM, TERMINE À LA 2NDE PLACE DU CHAMPIONNAT ET PARVIENT EN FINALE DE LA COUPE DE FRANCE.
C'EST UNE NOUVELLE FOIS SON BUTEUR EN SÉRIE, PAULETA, QUI INSCRIT DE LA TÊTE LE SEUL BUT DU MATCH.
PARIS REMPORTE SON 1ER TITRE EN 6 ANS !

MAIS L'ÉCLAIRCIE QUE REPRÉSENTAIT CETTE SAISON 2003-2004 EST DE COURTE DURÉE. LES 2 SAISONS SUIVANTES SONT DE NOUVEAU MARQUÉES PAR UNE INSTABILITÉ CHRONIQUE.
EN 2004-2005, LE PARIS SAINT-GERMAIN RECRUTE POURTANT LE TALENTUEUX AILIER JÉRÔME ROTHEN…
… MAIS LE CHANTIER DE LA RECONSTRUCTION DE LA DÉFENSE EST COMPLIQUÉ. POUR COMPENSER LES DÉPARTS DE DÉHU, HEINZE ET SORÍN, LE CLUB FAIT NOTAMMENT VENIR MARIO YEPES ET SYLVAIN ARMAND.
LES DÉFAITES ET LES MATCHS NULS S'ENCHAÎNENT. LE DÉBUT DE SAISON EST DÉSASTREUX. L'ENTRAÎNEUR EST REMERCIÉ EN COURS DE SAISON ET PARIS TERMINE FINALEMENT À LA 9E PLACE DU CHAMPIONNAT.
LA SAISON 2005-2006 EST TOUT AUSSI POUSSIVE, MÊME SI L'ÉQUIPE A FIÈRE ALLURE SUR LE PAPIER AVEC NOTAMMENT LES ARRIVÉES DE VIKASH DHORASOO ET BONAVENTURE KALOU.
MAIS LES RÉSULTATS DEMEURENT IRRÉGULIERS ET LE CLUB NE PEUT FAIRE MIEUX QUE LA SAISON PRÉCÉDENTE, EN SE CLASSANT DE NOUVEAU À LA 9E PLACE DU CHAMPIONNAT.
LA COUPE DE FRANCE OFFRE DE NOUVEAU UN GRAND MOMENT D'ÉMOTION ET SAUVE LA SAISON.
BONAVENTURE KALOU OUVRE LE SCORE, MAIS C'EST VIKASH DHORASOO QUI SCELLE CE SUCCÈS 2 BUTS À 1 FACE À L'OLYMPIQUE DE MARSEILLE, D'UNE PUISSANTE FRAPPE LOINTAINE.
LA COUPE DE FRANCE ET LE PARIS SAINT-GERMAIN, UNE BELLE HISTOIRE D'AMOUR QUI DURE !

L'ÉTÉ 2006 MARQUE UN TOURNANT DANS L'HISTOIRE DU CLUB : LE PARIS SAINT-GERMAIN EST OFFICIELLEMENT VENDU PAR CANAL+. LES ACHETEURS SONT AU NOMBRE DE 3 : COLONY CAPITAL, MORGAN STANLEY ET BUTLER CAPITAL PARTNERS.
Fly Emirates
Fly Emirates
MALGRÉ LE CHANGEMENT DE PROPRIÉTAIRES ET DE DIRECTION, L'EFFECTIF NE CONNAÎT PAS DE BOULEVERSEMENT MAJEUR, SI CE N'EST L'ARRIVÉE D'UN NOUVEAU DERNIER REMPART : MICKAËL LANDREAU.

MALGRÉ CETTE STABILITÉ, LE DÉBUT DE SAISON EST DIFFICILE. L'ANCIEN MILIEU DE TERRAIN DU CLUB, PAUL LE GUEN, EST APPELÉ EN RENFORT ET EST NOMMÉ ENTRAÎNEUR EN COURS DE SAISON.
LE CAPITAINE PAULETA CONTINUE À MARQUER BUT SUR BUT, TERMINANT POUR LA 2NDE FOIS CONSÉCUTIVE MEILLEUR BUTEUR DU CHAMPIONNAT.
MAIS LE PARIS SAINT-GERMAIN CONNAÎT L'UNE DES SAISONS LES PLUS DIFFICILES DE SON HISTOIRE : APRÈS AVOIR CONNU LES PLACES DE RELÉGABLE EN MARS, IL TERMINE À LA 15E PLACE DU CHAMPIONNAT.

Fly Emirates
LES SAISONS CHAOTIQUES S'ENCHAÎNENT. ZOUMANA CAMARA VIENT RENFORCER LA DÉFENSE, MAIS LE CLUB CONTINUE À ACCUMULER LES DÉFAITES.
VICTIME DU "SYNDROME DU PARC", PARIS N'ARRIVE PAS À S'IMPOSER À DOMICILE AU PARC DES PRINCES.

LA SOIRÉE DU 15 DÉCEMBRE 2007 EST PARFAITEMENT À L'IMAGE DE CETTE PÉRIODE QUE VIT LE PARIS SAINT-GERMAIN.
POUR SA DERNIÈRE SAISON AU CLUB, L'AIGLE DES AÇORES INSCRIT SON 101E BUT SOUS LES COULEURS PARISIENNES, DEVENANT AINSI LE MEILLEUR BUTEUR DE L'HISTOIRE DU CLUB...
Fly Emirates
MAIS PARIS S'INCLINE MALGRÉ TOUT, 2 BUTS À 1 CONTRE TOULOUSE, ET BASCULE DANS LA ZONE DE RELÉGATION.

UNE ÉCLAIRCIE APPARAÎT AVEC LE SUCCÈS EN COUPE DE LA LIGUE FACE À LENS.
MAIS LA FIN DU CHAMPIONNAT EST DES PLUS STRESSANTES. IL FAUT ATTENDRE LA DERNIÈRE JOURNÉE ET UNE VICTOIRE INESPÉRÉE À SOCHAUX GRÂCE À UN DOUBLÉ D'AMARA DIANÉ POUR QUE PARIS ÉVITE LA RELÉGATION. C'EST UNE SAISON À OUBLIER.
APRÈS UNE SAISON AUSSI RATÉE, S'OUVRE UNE PÉRIODE DE RECONSTRUCTION MAJEURE. L'EFFECTIF EST PROFONDÉMENT CHAMBOULÉ.
DES JOUEURS EXPÉRIMENTÉS SONT RECRUTÉS POUR STABILISER ET ENCADRER LE GROUPE, COMME LE NOUVEAU CAPITAINE CLAUDE MAKÉLÉLÉ.
EN ATTAQUE, LUDOVIC GIULY VIENT APPORTER SA VIVACITÉ POUR ÉPAULER LE NOUVEAU BUTEUR GUILLAUME HOARAU.
TANT DE CHANGEMENTS DANS LE CLUB ENTRAÎNENT UN DÉBUT DE SAISON HÉSITANT.
... MAIS L'ÉQUIPE TROUVE SON ÉQUILIBRE ET RETROUVE ENFIN LE HAUT DU TABLEAU, TUTOYANT MÊME LA 1RE PLACE EN FÉVRIER 2009.
LE PARIS SAINT-GERMAIN TERMINE LA SAISON À LA 6E PLACE DU CHAMPIONNAT, OUVRANT ENFIN DE NOUVELLES PERSPECTIVES POSITIVES.

À L'ORÉE DE LA SAISON 2009-2010, LES DIRIGEANTS CHOISISSENT DE NOUVEAU UN ANCIEN JOUEUR DU CLUB, ANTOINE KOMBOUARÉ, COMME ENTRAÎNEUR.
L'EFFECTIF BOUGE PEU, LA STABILITÉ ÉTANT TOUJOURS SOUHAITÉE. GRÉGORY COUPET REMPLACE NÉANMOINS MICKAËL LANDREAU DANS LES BUTS...
... ET MEVLÜT ERDINÇ REJOINT GUILLAUME HOARAU SUR LE FRONT DE L'ATTAQUE.
LE DÉBUT DE SAISON EST EXCELLENT, MAIS LE MANQUE DE PROFONDEUR DE BANC CONJUGUÉ AUX ABSENCES RÉPÉTÉES DES 2 BUTEURS EMPÊCHE PARIS DE CONFIRMER SES PROMESSES.
LE CLUB TERMINE LA SAISON À LA 13E PLACE DU CHAMPIONNAT, MAIS REMPORTE UNE NOUVELLE COUPE DE FRANCE FACE À MONACO.
LA SAISON SUIVANTE, LA RECRUE PHARE EST LE BRÉSILIEN NENÊ, UN NOUVEAU CARIOCA POUR FAIRE CHAVIRER LE PARC DES PRINCES DE SES DRIBBLES CHALOUPÉS.
SES PERFORMANCES ÉBLOUISSANTES PERMETTENT AU PARIS SAINT-GERMAIN DE FIGURER DANS LE HAUT DU CLASSEMENT...
MALGRÉ L'ESSOR DU JEUNE DÉFENSEUR MAMADOU SAKHO, ÉLU MEILLEUR ESPOIR DE LIGUE 1, LE CLUB RATE LA QUALIFICATION POUR LA LIGUE DES CHAMPIONS EN NE TERMINANT QUE 4E DU CHAMPIONNAT.
LA FIN DE SAISON EST AMÈRE AVEC UNE DÉFAITE EN FINALE DE COUPE DE FRANCE FACE AU CHAMPION LILLOIS.

À L'ÉTÉ 2011, LE PARIS SAINT-GERMAIN BASCULE DANS UNE NOUVELLE ÈRE : LE FONDS QATARI QATAR SPORTS INVESTMENTS DEVIENT PROPRIÉTAIRE DU CLUB.
LE NOUVEAU PRÉSIDENT, NASSER AL-KHELAÏFI, FIXE DES OBJECTIFS AMBITIEUX. POUR LES MENER À BIEN, IL FAIT APPEL À L'ANCIEN MILIEU DE TERRAIN DU CLUB, LE BRÉSILIEN LEONARDO ATAÚJO, ET LE NOMME DIRECTEUR SPORTIF.
L'ÉQUIPE EST PROFONDÉMENT MODIFIÉE. GRÉGORY COUPET PREND SA RETRAITE, LUDOVIC GIULY REJOINT L'AS MONACO ET CLAUDE MAKÉLÉLÉ INTÈGRE LE STAFF TECHNIQUE DU CLUB.
KEVIN GAMEIRO OCCUPE LA POINTE DE L'ATTAQUE...
... L'ITALIEN SALVATORE SIRIGU PREND PLACE DANS LES BUTS...
... ET L'INFATIGABLE BLAISE MATUIDI APPORTE DE L'ÉQUILIBRE AU MILIEU DE TERRAIN.
LE CLUB FAIT AUSSI CONFIANCE À DE JEUNES JOUEURS TALENTUEUX ET CRÉATIFS, COMME LE CRÉATIF ARGENTIN JAVIER PASTORE.

IL NE FAUT QUE QUELQUES SEMAINES POUR QUE L'ÉQUIPE TROUVE SES MARQUES. LES RÉSULTATS ET LE NIVEAU DE JEU SONT EN CONSTANTE AMÉLIORATION. PARIS EST MÊME SACRÉ CHAMPION D'AUTOMNE.
POUR CONTINUER À PROGRESSER, L'ITALIEN CARLO ANCELOTTI EST NOMMÉ ENTRAÎNEUR ET 3 JOUEURS IMPORTANTS INTÈGRENT L'EFFECTIF AU COURS DU MERCATO D'HIVER...
...LE MILIEU DE TERRAIN ITALIEN D'ORIGINE BRÉSILIENNE THIAGO MOTTA, QUI DEVIENDRA UN DES PILIERS DU CLUB PENDANT DE NOMBREUSES SAISONS...
...ET 2 INTERNATIONAUX BRÉSILIENS : LE DÉFENSEUR CENTRAL ALEX...
...ET LE LATÉRAL GAUCHE MAXWELL...
FINALEMENT, LE PARIS SAINT-GERMAIN TERMINE 2E DU CHAMPIONNAT DERRIÈRE LE SURPRENANT CLUB DE MONTPELLIER.
NENÊ EST SACRÉ MEILLEUR BUTEUR DU CHAMPIONNAT ET LE CLUB POSSÈDE LA MEILLEURE ATTAQUE.

SI LE PARIS SAINT-GERMAIN A DÉFINITIVEMENT CHANGÉ D'ÈRE À L'ÉTÉ 2011, IL CHANGE DE DIMENSION À L'ÉTÉ 2012.
IBRAHIMOVIĆ
DE TRÈS GRANDES ÉTOILES REJOIGNENT LE CLUB ET DEVIENNENT LES TÊTES D'AFFICHE DE L'ÉQUIPE.
LE BUTEUR SUÉDOIS ZLATAN IBRAHIMOVIĆ VA AFFOLER LES COMPTEURS ET BATTRE TOUS LES RECORDS.
LE DÉFENSEUR ET CAPITAINE DE LA SÉLECTION BRÉSILIENNE THIAGO SILVA VA FAIRE CHAVIRER LES CŒURS.
Fly Emirates
LE MILIEU DE TERRAIN ANGLAIS DAVID BECKHAM VA APPORTER TOUTE SON ÂME ET SA RAGE DE VAINCRE POUR UN DERNIER DÉFI.
Fly Emirates
mirates

LE RECRUTEMENT 4 ÉTOILES NE S'ARRÊTE PAS LÀ. L'AILIER ARGENTIN EZEQUIEL LAVEZZI...
... ET LE JEUNE PRODIGE ITALIEN MARCO VERRATTI REJOIGNENT ÉGALEMENT L'ÉQUIPE.
AU PRINTEMPS, PARIS EST LEADER DU CHAMPIONNAT ET ÉLIMINE VALENCE EN 8E DE FINALE DE LA LIGUE DES CHAMPIONS.
EN MARQUANT AU MATCH ALLER ET AU MATCH RETOUR, EZEQUIEL LAVEZZI PERMET AU CLUB DE SE QUALIFIER POUR LES QUARTS DE FINALE, POUR LA 1RE FOIS DEPUIS 1995.
... MAIS L'AVENTURE EUROPÉENNE S'ACHÈVE AMÈREMENT AU TOUR SUIVANT FACE AU FC BARCELONE. LE PARIS SAINT-GERMAIN EST ÉLIMINÉ SANS AVOIR PERDU.
TOUT COMMENCE PAR UN MATCH NUL 2 BUTS PARTOUT AU MATCH ALLER AU PARC DES PRINCES, GRÂCE À L'INÉVITABLE ZLATAN IBRAHIMOVIĆ ET À BLAISE MATUIDI DANS LES ARRÊTS DE JEU.

LA SAISON DÉMARRE DE MANIÈRE POUSSIVE PAR 3 MATCHS NULS, MAIS LA MACHINE SE MET EN ROUTE ET LE CLUB DÉMARRE SA 1RE SÉRIE DE VICTOIRES : 6 SUR LES 7 MATCHS SUIVANTS.
ZLATAN IBRAHIMOVIĆ ENCHANTE DÉJÀ LES SUPPORTERS ET PREND TRÈS RAPIDEMENT LA TÊTE DU CLASSEMENT DES BUTEURS.
IBRAHIMOVIĆ 18
MALGRÉ UN PASSAGE À VIDE EN NOVEMBRE AVEC 3 DÉFAITES EN 5 MATCHS, PARIS REPREND SA MARCHE EN AVANT, ACCUMULANT LES VICTOIRES. L'ÉQUIPE S'INSTALLE DURABLEMENT EN TÊTE DU CHAMPIONNAT.
SI LE PARIS SAINT-GERMAIN RETROUVE LES SOMMETS DE LA LIGUE 1, SES RETROUVAILLES AVEC LA LIGUE DES CHAMPIONS SE DÉROULENT MERVEILLEUSEMENT BIEN, ELLES AUSSI.
LE CLUB PASSE LA PHASE DE POULES HAUT LA MAIN, AVEC LE 1ER BUT DE THIAGO SILVA, DÈS SA 1RE APPARITION SOUS LE MAILLOT PARISIEN.
Fly Emirates
LA COLONIE BRÉSILIENNE S'ÉTOFFE ENCORE DAVANTAGE AVEC L'ARRIVÉE DE L'AILIER LUCAS MOURA DURANT LA TRÊVE HIVERNALE.
Fly Emirates
AU MATCH RETOUR, JAVIER PASTORE OUVRE LE SCORE. PARIS EST QUALIFIÉ PENDANT VINGT MINUTES... JUSQU'À L'ÉGALISATION DE PEDRO.
LE CLUB EST ÉLIMINÉ, LA TÊTE HAUTE, MAIS AVEC QUELQUES REGRETS.
IBRAHIMOVIĆ 10
BECKHAM 32
MAIS LA FIN DE L'ANNÉE RÉSERVE DE SUPERBES ÉMOTIONS. APRÈS UNE VICTOIRE 1 À 0 CONTRE LYON, PARIS EST SACRÉ CHAMPION DE FRANCE.
DIX-NEUF ANS APRÈS L'ÉPOPÉE MENÉE PAR RAÍ ET DAVID GINOLA, LE PARIS SAINT-GERMAIN PEUT CÉLÉBRER SON 3E TITRE.
LA FÊTE EST MAGNIFIQUE, LE TITRE INDISCUTABLE. PARIS AFFICHE LA MEILLEURE DÉFENSE ET LA MEILLEURE ATTAQUE.
ZLATAN IBRAHIMOVIĆ EST SACRÉ MEILLEUR JOUEUR DE LIGUE 1 ET MEILLEUR BUTEUR. IL FAUT MÊME REMONTER VINGT-TROIS ANS EN ARRIÈRE POUR TROUVER UN AUTRE BUTEUR AYANT PASSÉ LA BARRE SYMBOLIQUE DES 30 BUTS SUR UNE SAISON.
CE TITRE EST AUSSI UN MOMENT ÉMOUVANT POUR DAVID BECKHAM, QUI MET UN TERME À SA CARRIÈRE. LE PARC DES PRINCES EST LE THÉÂTRE DES ADIEUX D'UN DES PRINCES DU FOOTBALL MODERNE.

PARIS
SAINT-GERMAIN
LA SAISON 2013-2014 VOIT L'ARRIVÉE D'UN NOUVEAU LOGO ET D'UN NOUVEL ENTRAÎNEUR. LAURENT BLANC, ANCIEN SÉLECTIONNEUR FRANÇAIS, VIENT S'ASSEOIR SUR LE BANC DU CLUB, BIEN DÉCIDÉ À DÉFENDRE SON TITRE.
POUR CELA, LE PARIS SAINT-GERMAIN ACCUEILLE L'ATTAQUANT URUGUAYEN EDINSON CAVANI, EN PROVENANCE DE NAPLES, OÙ IL A ÉTÉ SACRÉ MEILLEUR BUTEUR DU CHAMPIONNAT ITALIEN.
IL EST AMENÉ À FORMER AVEC ZLATAN IBRAHIMOVIĆ, L'UN DES DUOS D'ATTAQUANTS LES PLUS PERFORMANTS D'EUROPE.
Fly Emirates
EN DÉFENSE, LE PROMETTEUR DÉFENSEUR BRÉSILIEN MARQUINHOS REJOINT SES COMPATRIOTES MAXWELL ET THIAGO SILVA.
LA PERFORMANCE EST AUSSI MARQUANTE EN 8E DE FINALE ALLER, OÙ PARIS VIENT S'IMPOSER SUR LE SCORE FLEUVE DE 4 BUTS À 0 SUR LE TERRAIN DE SON ADVERSAIRE, LE CLUB ALLEMAND DU BAYER LEVERKUSEN.
ARRIVÉ DURANT LA TRÊVE HIVERNALE, YOHAN CABAYE CLÔT LE SCORE D'UNE PUISSANTE FRAPPE LOINTAINE.
CABAYE
4
MAIS LES PARISIENS SONT BATTUS AU STADE DES QUARTS DE FINALE PAR LES ANGLAIS DE CHELSEA, MALGRÉ UNE SUPERBE VICTOIRE 3 BUTS À 1 LORS DU MATCH ALLER AU PARC DES PRINCES.
DANS LES ARRÊTS DE JEU, JAVIER PASTORE INSCRIT NOTAMMENT UN BUT D'ANTHOLOGIE : IL DRIBBLE TOUTE LA DÉFENSE APRÈS UNE CHEVAUCHÉE FANTASTIQUE LE LONG DE LA LIGNE, SUIVIE D'UNE FRAPPE DANS UN ANGLE TOTALEMENT FERMÉ.

AVEC SON JEU OFFENSIF PORTÉ SUR LA POSSESSION DU BALLON, LE CLUB DOMINE DE NOUVEAU LE CHAMPIONNAT.
LA SAISON DÉMARRE PAR 15 MATCHS SANS DÉFAITE ET LES 2 STARS DE L'ATTAQUE ENCHAÎNENT LES BUTS, RIVALISANT D'AUDACE POUR OFFRIR UN SPECTACLE AUSSI PHÉNOMÉNAL QU'EFFICACE.
DANS LE MÊME MATCH, CONTRE BASTIA, ZLATAN IBRAHIMOVIĆ INSCRIT UN BUT D'UNE INCROYABLE AILE DE PIGEON TANDIS QU'EDINSON CAVANI DRIBBLE TOUTE LA DÉFENSE ET LE GARDIEN POUR MARQUER DANS LES CAGES VIDES.
PARIS SURVOLE ÉGALEMENT SON GROUPE DE LIGUE DES CHAMPIONS.
L'ATTAQUANT SUÉDOIS S'OFFRE MÊME UN QUADRUPLÉ FACE AU CLUB BELGE D'ANDERLECHT.
MAIS LES LONDONIENS S'IMPOSENT 2 BUTS À O AU MATCH RETOUR, SUR LE PLUS CRUEL DES SCÉNARIOS...
... LE BUT ÉLIMINATOIRE ÉTANT INSCRIT À LA TOUTE FIN DU MATCH, APRÈS UNE ÂPRE RÉSISTANCE DES PARISIENS.
LE SOURIRE REVIENT GRÂCE AUX SUCCÈS REMPORTÉS EN FRANCE. LE CLUB DÉCROCHE LA COUPE DE LA LIGUE EN BATTANT L'OLYMPIQUE LYONNAIS GRÂCE UN DOUBLÉ D'EDINSON CAVANI.
MAIS PARIS CONSERVE SURTOUT POUR LA 1RE FOIS SON TITRE DE CHAMPION DE FRANCE. C'EST LE 4E DANS SON HISTOIRE.
AVEC UNE NOUVELLE FOIS LA MEILLEURE ATTAQUE ET LA MEILLEURE DÉFENSE, L'ÉQUIPE A RÉGNÉ SUR LE CHAMPIONNAT, PRENANT LA TÊTE DU CLASSEMENT DÈS LA 10E JOURNÉE ET NE LA LÂCHANT PLUS.
AVEC 89 POINTS INSCRITS, LE PARIS SAINT-GERMAIN BAT LE RECORD DE POINTS MARQUÉS DANS UN CHAMPIONNAT DE FRANCE ET ZLATAN IBRAHIMOVIĆ EN EST UNE NOUVELLE FOIS LE MEILLEUR JOUEUR ET LE MEILLEUR BUTEUR.

POUR CONTINUER À PROGRESSER, LE PARIS SAINT-GERMAIN RECRUTE CHAQUE SAISON DES JOUEURS TALENTUEUX.
À L'ÉTÉ 2014, C'EST LE DÉFENSEUR BRÉSILIEN DAVID LUIZ QUI REJOINT LE CLUB, EN PROVENANCE DE CHELSEA, BOURREAU DU CLUB LA SAISON PRÉCÉDENTE EN LIGUE DES CHAMPIONS.

LE DÉBUT DE SAISON EST PAR CONTRE BIEN PLUS POUSSIF QUE L'ANNÉE PRÉCÉDENTE.
SI PARIS DEMEURE INVAINCU JUSQU'AU MOIS DE DÉCEMBRE, IL LUTTE POUR GAGNER ET CONCÈDE BEAUCOUP TROP DE MATCHS NULS. LE CLUB RESTE AINSI À PLUSIEURS LONGUEURS DES LEADERS.

LES ABSENCES DURABLES DE ZLATAN IBRAHIMOVIĆ ET DE THIAGO SILVA HANDICAPENT L'ÉQUIPE.
MAIS LA FIN DE L'AUTOMNE SONNE LE RÉVEIL DES AMBITIONS ET DU BEAU JEU. PARIS ENCHAÎNE 6 VICTOIRES D'AFFILÉE POUR REVENIR À UN POINT DU LEADER MARSEILLAIS, QU'IL BAT AU PARC DES PRINCES, GRÂCE À DES BUTS DE LUCAS MOURA ET D'EDINSON CAVANI.

LE PARIS SAINT-GERMAIN PARVIENT UNE FOIS DE PLUS À SE QUALIFIER À L'ISSUE DE LA PHASE DE POULES DE LA LIGUE DES CHAMPIONS.
GRÂCE NOTAMMENT AU 1ER BUT DE MARCO VERRATTI SOUS LES COULEURS PARISIENNES, L'ÉQUIPE OBTIENT UNE VICTOIRE PRESTIGIEUSE ET PRÉCIEUSE FACE AU FC BARCELONE, QUI EN DIT LONG SUR SON RÉEL POTENTIEL.
MAIS LES JOUEURS PARISIENS HÉRITENT D'UN DES FAVORIS DES 8ES DE FINALE : LES ANGLAIS DE CHELSEA, UNE VIEILLE CONNAISSANCE CONTRE LAQUELLE ILS ONT UNE REVANCHE À PRENDRE.

11 MARS 2015...
STAMFORD BRIDGE AVAIT TOUT POUR ÊTRE UNE TERRE DE REGRETS ÉTERNELS. ELLE DEVIENDRA PEUT-ÊTRE CELLE QUI A VU NAÎTRE UN GRAND PARIS SAINT-GERMAIN.
Fly Emirates
APRÈS UN MATCH NUL, 1 BUT PARTOUT LORS DU MATCH ALLER AU PARC DES PRINCES, LES PARISIENS DOIVENT OBLIGATOIREMENT MARQUER AU MATCH RETOUR.
EN PLEINE 1re MI-TEMPS, ZLATAN IBRAHIMOVIĆ SE REND COUPABLE D'UNE FAUTE SUR LE MILIEU DE CHELSEA, OSCAR. UN TACLE D'ATTAQUANT, PLUS IMPRESSIONNANT QUE DANGEREUX...
MAIS L'ARBITRE SE MONTRE INTRAITABLE. CE COUP DU SORT FORGE LE DESTIN DES PARISIENS, QUI VONT ALORS RÉALISER UN INCROYABLE EXPLOIT.
RÉDUIT À 10, LE PARIS SAINT-GERMAIN TIENT BON, REDOUBLANT DE COURAGE. MAIS IL LUI FAUT MARQUER POUR SE QUALIFIER.
MALHEUREUSEMENT, CE SONT LES ANGLAIS QUI OUVRENT LE SCORE LES 1ers, À 10 MINUTES DU TERME.
C'EST SANS COMPTER SUR LA RAGE DE VAINCRE DE DAVID LUIZ, QUI ÉGALISE QUELQUES MINUTES PLUS TARD. LE MATCH VA SE POURSUIVRE EN PROLONGATIONS...
DAVID LUIZ
32
EN INSCRIVANT UN PENALTY, EDEN HAZARD PENSE AVOIR QUALIFIÉ CHELSEA, MAIS DANS LES DERNIÈRES SECONDES, LE CAPITAINE, THIAGO SILVA, ÉGALISE D'UN PUISSANT COUP DE TÊTE.
DE L'ENFER AU PARADIS, IL N'Y AVAIT QU'UN PAS... LE PARIS SAINT-GERMAIN L'A FRANCHI ET S'EST QUALIFIÉ POUR LES QUARTS DE FINALE POUR LA 3e FOIS D'AFFILÉE !

MALHEUREUSEMENT, C'EST UNE ÉQUIPE AMPUTÉE DE SES CADRES ET DE SA COLONNE VERTÉBRALE QUI SE PRÉSENTE EN QUART DE FINALE CONTRE LE FC BARCELONE, POUR LEUR 3E AFFRONTEMENT DE L'ANNÉE.
PRIVÉE DE ZLATAN IBRAHIMOVIĆ, MARCO VERRATTI ET THIAGO MOTTA, PUIS RAPIDEMENT DE THIAGO SILVA SUR BLESSURE, LA FORMATION PARISIENNE NE PEUT RÉÉDITER L'EXPLOIT DE L'AUTOMNE PRÉCÉDENT ET S'INCLINE FACE AU GÉANT ESPAGNOL, FUTUR VAINQUEUR DE LA COMPÉTITION.
À L'INVERSE, SUR LE PLAN NATIONAL, LE SUCCÈS EST TOTAL. POURTANT, LE CHAMPIONNAT EST BIEN PLUS DISPUTÉ CETTE SAISON. LES 2 OLYMPIQUES (DE MARSEILLE ET LYONNAIS) OPPOSENT UNE CONCURRENCE FÉROCE, PRENANT RESPECTIVEMENT LES RÊNES DU CLASSEMENT JUSQU'À LA 30E JOURNÉE.
EN AVRIL 2015, PARIS REMPORTE LE "CLASSICO" CONTRE L'OLYMPIQUE DE MARSEILLE POUR LA 2NDE FOIS DE LA SAISON, AVEC NOTAMMENT UN SUPERBE BUT DE BLAISE MATUIDI.
PARIS PREND ENFIN LA TÊTE DU CHAMPIONNAT À LA 30E JOURNÉE. UNE PLACE QU'IL NE QUITTERA PLUS.
LE CLUB ENCHAÎNE SUCCESSIVEMENT 10 VICTOIRES POUR TERMINER LE CHAMPIONNAT ET S'ASSURER D'UN 3E TITRE D'AFFILÉE.
L'ÉQUIPE CONSERVE SA COUPE DE LA LIGUE EN BATTANT BASTIA PAR 4 BUTS À 0, AVEC UN DOUBLÉ DE SES 2 ATTAQUANTS, ZLATAN IBRAHIMOVIĆ ET EDINSON CAVANI.
PUIS LA BELLE HISTOIRE ENTRE LE PARIS SAINT-GERMAIN ET LA COUPE DE FRANCE REPREND, AVEC UNE VICTOIRE CONTRE AUXERRE GRÂCE À UN UNIQUE BUT DE SON ATTAQUANT URUGUAYEN.
LE CLUB AVAIT REMPORTÉ LE TROPHÉE DES CHAMPIONS EN OUVERTURE DE LA SAISON, IL RÉUSSIT AINSI UN QUADRUPLÉ AUSSI HISTORIQUE QU'INÉDIT.
IS SAINT-GERMAIN

APRÈS PLUSIEURS ANNÉES DÉCOUSUES, LE PARIS SAINT-GERMAIN A DÉSORMAIS RETROUVÉ SON LUSTRE DES ANNÉES 1990 ET UNE VRAIE CONSTANCE DANS SES PERFORMANCES.
LA SAISON 2015-2016 VIENT COURONNER CETTE PHASE DE PLUSIEURS ANNÉES DE SUCCÈS : C'EST LA SAISON DE TOUS LES RECORDS.
LE RECRUTEMENT EST UNE NOUVELLE FOIS AMBITIEUX : LE MILIEU ARGENTIN ÁNGEL DI MARÍA...
KURZAWA
20
... LE GARDIEN ALLEMAND KEVIN TRAPP ET LE LATÉRAL GAUCHE LAYVIN KURZAWA REJOIGNENT LE CLUB, TANDIS QUE ZOUMANA CAMARA PREND SA RETRAITE ET INTÈGRE LE STAFF.
LA SAISON DÉMARRE SUR LES CHAPEAUX DE ROUE. PARIS PREND LA TÊTE DU CLASSEMENT DE LIGUE 1 DÈS LA 2E JOURNÉE ET NE LA QUITTERA PAS.
IL FAUDRA D'AILLEURS ATTENDRE LA 28E JOURNÉE, AU MOIS DE FÉVRIER, POUR QUE LE CLUB CONNAISSE SA 1RE DÉFAITE. JUSQUE-LÀ, IL AVAIT ENCHAÎNÉ LES VICTOIRES, SOUVENT PAR PLUS DE 4 BUTS D'ÉCART.
EN OCTOBRE 2015, LORS DU 1ER "CLASSICO" FACE À L'OLYMPIQUE DE MARSEILLE, ZLATAN IBRAHIMOVIĆ ENTRE DANS L'HISTOIRE DU PARIS SAINT-GERMAIN.
IL INSCRIT UN DOUBLÉ ET OFFRE LA VICTOIRE AU CLUB, CE QUI EST TRÈS FRÉQUENT CETTE ANNÉE-LÀ.
MAIS IL S'AGIT SURTOUT DE SES 109E ET 110E BUTS SOUS LES COULEURS PARISIENNES, CE QUI FAIT DE LUI LE MEILLEUR BUTEUR DE L'HISTOIRE DU CLUB, DEVANT PEDRO MIGUEL PAULETA.

AU PRINTEMPS, PARIS ÉLIMINE UNE FOIS DE PLUS LE CLUB ANGLAIS DE CHELSEA EN 8E DE FINALE DE LIGUE DES CHAMPIONS.
MAIS IL BUTE CONTRE MANCHESTER CITY EN QUART DE FINALE.
LA SAISON VOIT LA FORMATION PARISIENNE BATTRE TOUS LES RECORDS SUR LE PLAN NATIONAL EN REMPORTANT SON 6E TITRE DE CHAMPION DÈS LE MOIS DE MARS, APRÈS UNE VICTOIRE RETENTISSANTE CONTRE TROYES.
IL NE S'AGIT QUE DE LA 30E JOURNÉE DE CHAMPIONNAT, RECORD DE PRÉCOCITÉ POUR UN CHAMPION.
CE JOUR-LÀ, PARIS S'IMPOSE 9 BUTS À 0. C'EST LA PLUS LARGE VICTOIRE DANS L'HISTOIRE DU CLUB ET LA PLUS LARGE VICTOIRE À L'EXTÉRIEUR DANS L'HISTOIRE DU CHAMPIONNAT.
À LA FIN DE SAISON, D'AUTRES RECORDS TOMBENT. PARIS INSCRIT 96 POINTS EN CHAMPIONNAT, AVEC 31 POINTS D'AVANCE SUR LE 2ND.
LES JOUEURS DU CLUB MARQUENT 102 BUTS ET N'EN ENCAISSENT QUE 19. LA DIFFÉRENCE DE BUT EST VERTIGINEUSE : +83.
À CE SUCCÈS FRACASSANT EN CHAMPIONNAT, LE PARIS SAINT-GERMAIN AJOUTE ÉGALEMENT LES 3 AUTRES COUPES QU'IL JOUAIT SUR LE PLAN NATIONAL :
LE TROPHÉE DES CHAMPIONS EN AOÛT FACE À LYON (2-0), LA COUPE DE LA LIGUE FACE À LILLE (2-1) ET LA COUPE DE FRANCE CONTRE LE RIVAL MARSEILLAIS (4-2). PARIS S'OFFRE AINSI UN 2ND QUADRUPLÉ D'AFFILÉE !
LA SAISON SE TERMINE DANS UNE PROFONDE ÉMOTION AVEC LES ADIEUX AU CLUB DE ZLATAN IBRAHIMOVIĆ APRÈS 4 SAISONS COURONNÉES DE SUCCÈS ET DE RECORDS.
ET POUR FAIRE HONNEUR À SA LÉGENDE, L'ATTAQUANT SUÉDOIS NE POUVAIT PAS QUITTER LA CAPITALE SANS S'OFFRIR UN DERNIER EXPLOIT...
LORS DE LA DERNIÈRE JOURNÉE DE CHAMPIONNAT, IL INSCRIT UN DOUBLÉ, PORTANT AINSI SON TOTAL DE BUTS EN LIGUE 1 À 38. IL DÉPASSE AINSI LE RECORD ÉTABLI PAR CARLOS BIANCHI DURANT LA SAISON 1977-1978 ET DEVIENT LE PARISIEN LE PLUS PROLIFIQUE SUR UNE SAISON.
LES ADIEUX SONT ÉMOUVANTS, UNE PAGE SE TOURNE DÉJÀ DANS L'HISTOIRE DU PARIS SAINT-GERMAIN.

LE DÉPART DE ZLATAN IBRAHIMOVIĆ ET CELUI DE DAVID LUIZ AU DÉBUT DE LA SAISON 2016-2017 MARQUENT LE DÉBUT D'UN NOUVEAU CYCLE POUR LE CLUB.
DI MARIA
11
LE BASQUE UNAI EMERY REMPLACE LAURENT BLANC SUR LE BANC.
LE DÉBUT DE SAISON EST DÉCEVANT. HORMIS LE DÉFENSEUR BELGE THOMAS MEUNIER DANS SON COULOIR DROIT, LES RECRUES PEINENT À REMPLACER LES JOUEURS PARTIS QUELQUES MOIS PLUS TÔT.
À LA TRÊVE HIVERNALE, PARIS A DÉJÀ CONCÉDÉ 4 DÉFAITES EN CHAMPIONNAT, CONTRE 2 DURANT TOUTE LA SAISON PRÉCÉDENTE. À MI-SAISON, LE CLUB N'OCCUPE QUE LA 3E PLACE, À 5 POINTS DU LEADER.
Fly Emirates
LORS DU MERCATO HIVERNAL, L'ALLEMAND JULIAN DRAXLER EST RECRUTÉ POUR RENFORCER ET REMOBILISER L'ÉQUIPE. TOUT COMME LE JEUNE ARGENTIN GIOVANNI LO CELSO.
ET CELA FONCTIONNE ! PARIS SE MET DE NOUVEAU À ENCHAÎNER DES SÉRIES DE VICTOIRES, LE JEU PROPOSÉ EST PLUS FLAMBOYANT ET L'ÉQUIPE S'IMPOSE DE NOUVEAU RÉGULIÈREMENT PAR PLUS DE 4 BUTS D'ÉCART.
16
LE PARIS SAINT-GERMAIN VIENT NOTAMMENT S'IMPOSER 5 BUTS À 1 AU STADE VÉLODROME DE MARSEILLE. LA PIRE DÉFAITE À DOMICILE DU RIVAL MARSEILLAIS...

L'EMBELLIE SE POURSUIT DURANT LE MATCH ALLER DES 8ES DE FINALE DE LA LIGUE DES CHAMPIONS. LE TIRAGE A DE NOUVEAU MIS LE FC BARCELONE SUR LA ROUTE DES PARISIENS.
LE 1ER AFFRONTEMENT AU PARC DES PRINCES TOURNE À LA DÉMONSTRATION. EN DÉFENSE, LE JEUNE PRESNEL KIMPEMBE MUSÈLE LE TRIO OFFENSIF ADVERSE, MESSI, SUÁREZ ET NEYMAR.
EN ATTAQUE, ÁNGEL DI MARÍA INSCRIT UN DOUBLÉ ET PARIS S'IMPOSE 4 BUTS À 0.
MAIS AU MATCH RETOUR, L'ÉQUIPE SE DÉSUNIT COMPLÈTEMENT, PEU AIDÉE PAR UN ARBITRAGE TRÈS CONTESTÉ.
PARIS EST DÉFAIT PAR 6 BUTS À 1, ENCAISSANT NOTAMMENT 3 BUTS DANS LES DERNIÈRES MINUTES DU MATCH. LA DÉCEPTION EST IMMENSE.
EN FRANCE, POUR LA 1RE FOIS DEPUIS LA SAISON 2011-2012, PARIS N'EST PLUS CHAMPION ET CÈDE SON TITRE À L'AS MONACO.
NÉANMOINS, LE CLUB REMPORTE UNE NOUVELLE FOIS LES 2 COUPES NATIONALES EN BATTANT MONACO EN FINALE DE LA COUPE DE LA LIGUE (4-1).
UN DOUBLÉ DU MEILLEUR BUTEUR DU CHAMPIONNAT, L'URUGUAYEN EDINSON CAVANI, SCELLE DÉFINITIVEMENT LE SCORE.
ET POUR LES ADIEUX DE MAXWELL, PARIS REMPORTE SA 11E COUPE DE FRANCE, ET DEVIENT LE CLUB LE PLUS TITRÉ DE L'HISTOIRE.
CETTE FIN DE SAISON SOURIANTE RESTE MALGRÉ TOUT EN DEMI-TEINTE. MAIS LE PARIS SAINT-GERMAIN EST SUR LE POINT DE FRAPPER 2 TRÈS GRANDS COUPS...

LA SAISON 2017-2018 MARQUE L'ARRIVÉE DE 2 ÉTOILES.
LE BRÉSILIEN NEYMAR, L'UN DES ATTAQUANTS LES PLUS ACCOMPLIS ET SPECTACULAIRES AU MONDE, ET LE FRANÇAIS KYLIAN MBAPPÉ, GRAND ESPOIR DU FOOTBALL MONDIAL.
PARIS
Fly Emirates
PARIS SAINT-GERMAIN
PARIS SAINT-GERMAIN
LE PARIS SAINT-GERMAIN SIGNE COUP SUR COUP LES 2 PLUS GROS TRANSFERTS DE L'HISTOIRE DU FOOTBALL.

PERPÉTUANT LA TRADITION DES ANCIENS JOUEURS INTÉGRANT L'ORGANIGRAMME DU CLUB, MAXWELL EN DEVIENT LE COORDINATEUR SPORTIF.
Fly Emirates
UN AUTRE LATÉRAL BRÉSILIEN LÉGENDAIRE REJOINT LA CAPITALE : DANI ALVES.
LA SAISON DÉMARRE DE MANIÈRE IDÉALE PAR UNE NOUVELLE VICTOIRE DANS LE TROPHÉE DES CHAMPIONS, FACE À MONACO, PUIS PAR 6 VICTOIRES D'AFFILÉE EN CHAMPIONNAT.
PARIS RETROUVE SON JEU OFFENSIF, SA MAÎTRISE DES MATCHS. NEYMAR APPORTE IMMÉDIATEMENT TOUTE SA CLASSE ET SES DRIBBLES RAVAGEURS.
PARIS DÉBUTE LA LIGUE 1 PAR 15 MATCHS SANS DÉFAITE, AVEC UNE MOYENNE DE 3 BUTS PAR MATCHS, ET PREND LA TÊTE DÈS LA 3E JOURNÉE, POUR NE PLUS LA QUITTER.
KYLIAN MBAPPÉ TROUVE SA PLACE AU SEIN D'UN TRIDENT OFFENSIF DÉVASTATEUR. LA MCN (MBAPPÉ - CAVANI - NEYMAR) VA MARTYRISER TOUTES LES DÉFENSES DE FRANCE.
L'AVENTURE EN LIGUE DES CHAMPIONS DÉMARRE SOUS LES MEILLEURS AUSPICES, AVEC DES VICTOIRES TRÈS LARGES : 7-1 ET 5-0 FACE AU CELTIC GLASGOW, 4-0 ET 5-0 CONTRE ANDERLECHT.
MAIS SURTOUT, PARIS IMPRESSIONNE TOUTE L'EUROPE EN BATTANT LE BAYERN MUNICH PAR 3 BUTS À 0.
LA TRÊVE HIVERNALE N'ARRÊTE PAS LA MACHINE PARISIENNE, QUI CONTINUE À ENGRANGER DE LARGES VICTOIRES ET À PRENDRE LE LARGE EN CHAMPIONNAT.
NT-GE AIN
AU MOIS DE JANVIER, EDINSON CAVANI ENTRE À SON TOUR DANS LA LÉGENDE PARISIENNE : EN INSCRIVANT SON 157E BUT SOUS LE MAILLOT DU PARIS SAINT-GERMAIN, IL DEVIENT LE MEILLEUR BUTEUR DE L'HISTOIRE DU CLUB.

MAIS EN L'ABSENCE DE NEYMAR, BLESSÉ, L'AVENTURE EN LIGUE DES CHAMPIONS S'ARRÊTE UNE NOUVELLE FOIS PRÉMATURÉMENT EN 8e DE FINALE CONTRE LE REAL MADRID, FUTUR VAINQUEUR DE L'ÉPREUVE.

UN MOIS PLUS TARD, LE PARIS SAINT-GERMAIN RÉCUPÈRE SON BIEN ET EST OFFICIELLEMENT SACRÉ CHAMPION DE FRANCE POUR LA 7e FOIS. IL ÉCRASE LE CHAMPION EN TITRE MONÉGASQUE 7 BUTS À 1 AU PARC DES PRINCES.
PARIS RETROUVE LES SOMMETS, PORTÉ PAR UN JEU OFFENSIF QUI LUI AURA PERMIS D'INSCRIRE 108 BUTS EN LIGUE 1 CETTE SAISON, UN RECORD.
CONTRAINT DE METTRE UN TERME À SA SAISON DÈS LE MOIS DE FÉVRIER POUR CAUSE DE BLESSURE, NEYMAR AFFICHE DES STATISTIQUES RENVERSANTES : 28 BUTS ET 17 PASSES DÉCISIVES EN 30 MATCHS JOUÉS.

EDINSON CAVANI FINIT POUR LA 2nde FOIS D'AFFILÉE MEILLEUR BUTEUR DE LIGUE 1. TOUTES COMPÉTITIONS CONFONDUES, IL MARQUE 40 BUTS CETTE SAISON, TANDIS QUE, POUR SES DÉBUTS, KYLIAN MBAPPÉ EN INSCRIT 21, AUXQUELS S'AJOUTENT 15 PASSES DÉCISIVES.
LA MOISSON PARISIENNE NE S'ARRÊTE PAS LÀ. TOUJOURS CONTRE MONACO, LE CLUB DE LA CAPITALE REMPORTE SA 8e COUPE DE LA LIGUE, LA 5e D'AFFILÉE.

LA SAISON 2017-2018 S'ACHÈVE PAR UNE VICTOIRE EN COUPE DE FRANCE. C'EST LE 3e QUADRUPLÉ EN 4 SAISONS. LA MAINMISE PARISIENNE SUR LE PLAN NATIONAL EST TOTALE.

APPROCHANT SES 50 ANS, LE PARIS SAINT-GERMAIN A REMPORTÉ TOUS LES TITRES POSSIBLES EN FRANCE.
LA COUPE D'EUROPE DES VAINQUEURS DE COUPE DÉCROCHÉE EN 1996 RESTE SON PLUS GRAND SUCCÈS SUR LA SCÈNE EUROPÉENNE. CETTE ODYSSÉE JUSQU'À LA VICTOIRE FINALE EN LIGUE DES CHAMPIONS PORTERA LE DESTIN DU CLUB PENDANT LES ANNÉES À VENIR.
LES PLUS GRANDS JOUEURS ONT PORTÉ CE MAILLOT, ONT FAIT TREMBLER LES FILETS ET VIBRER LES CŒURS. NUL DOUTE QUE PARIS CONTINUERA À TOUCHER LES PLUS HAUTS SOMMETS DU FOOTBALL ET À DEMEURER TOUJOURS MAGIQUE !
Fly Emirates